westermann

AF204181

Sprachforscherheft
Schulausgangsschrift

Erarbeitet von

Miriam Jacobs

Insa Scheller

Caroline Tautz

in Zusammenarbeit mit der
Westermann-Grundschulredaktion

Unter Beratung von

Dominique Bielau

Christiane Kalenbach

Nadine Pistor

Bettina Sievert

Prof. Dr. Anja Wildemann

Illustriert von

Anke am Berg, Elke Broska
und Antje Hagemann

Flex und Flora
Deutsch

1

Inhaltsverzeichnis

Seite

Teil 1 – Gut starten

Gut starten

Gut starten – Formen nachspuren 4
Gut starten – Silben schwingen 8
Gut starten – Reime finden 12
Gut starten – Anlaute hören 14
Gut starten – Die Schreibtabelle kennenlernen 16
Gut starten – Mit der Schreibtabelle arbeiten 18
Gut starten – Die Lautposition bestimmen 20
Gut starten – Mit der Schreibtabelle schreiben 22

Teil 2 – Methoden

Leuchter in Silben erkennen *zu Buchstabenheft 2: N/n*
Leuchter (Selbstlaute) kennenlernen und markieren 24
Leuchter (Selbstlaute) in Silbenbögen eintragen 26 **S1**

Wörter richtig abschreiben *zu Buchstabenheft 2: N/n*
Wörter abschreiben und kontrollieren 28

Wörter schreiben *zu Buchstabenheft 2: R/r*
Leuchter (Selbstlaute) als Rechtschreibhilfe kennenlernen und nutzen 30

Seite

Teil 3 – Sprachwissen

Nomen kennenlernen und erkennen *zu Buchstabenheft 2: Au/au*

Nomen zuordnen 32

Nomen großschreiben 33

S2

Sätze kennenlernen und erkennen *zu Buchstabenheft 2: Sch/sch*

Großschreibung und Satzzeichen kennenlernen 34

Sätze bilden 36

S3

Besondere Endungen kennenlernen *zu Buchstabenheft 2: B/b*

Wörter mit -e, -en, -el, -er kennenlernen 38

Wörter mit -e schreiben 39

Wörter mit -en und -el schreiben 40

Wörter mit -er schreiben 41

S4

Artikel kennenlernen *zu Buchstabenheft 3: ie*

Artikel kennenlernen und zuordnen 42

Nomen verlängern *zu Buchstabenheft 3: V/v*

Die Strategie Verlängern kennenlernen 44

Die Strategie Verlängern anwenden 45

S5

Das kann ich jetzt

Das kann ich jetzt 46

Gut starten –
Formen nachspuren

1

2

Grundformen der Schrift motorisch erfassen
(Bogen, Welle, Zickzack)

Fö 1-2

Datum: _____

1

Grundformen der Schrift motorisch erfassen
(Strich, Bogen, Arkade, Girlande, Welle, Zickzack)

Fö 3

Grundformen der Schrift motorisch erfassen
(Arkade, Girlande, Zickzack, Strich, Kreis)

Fö 4

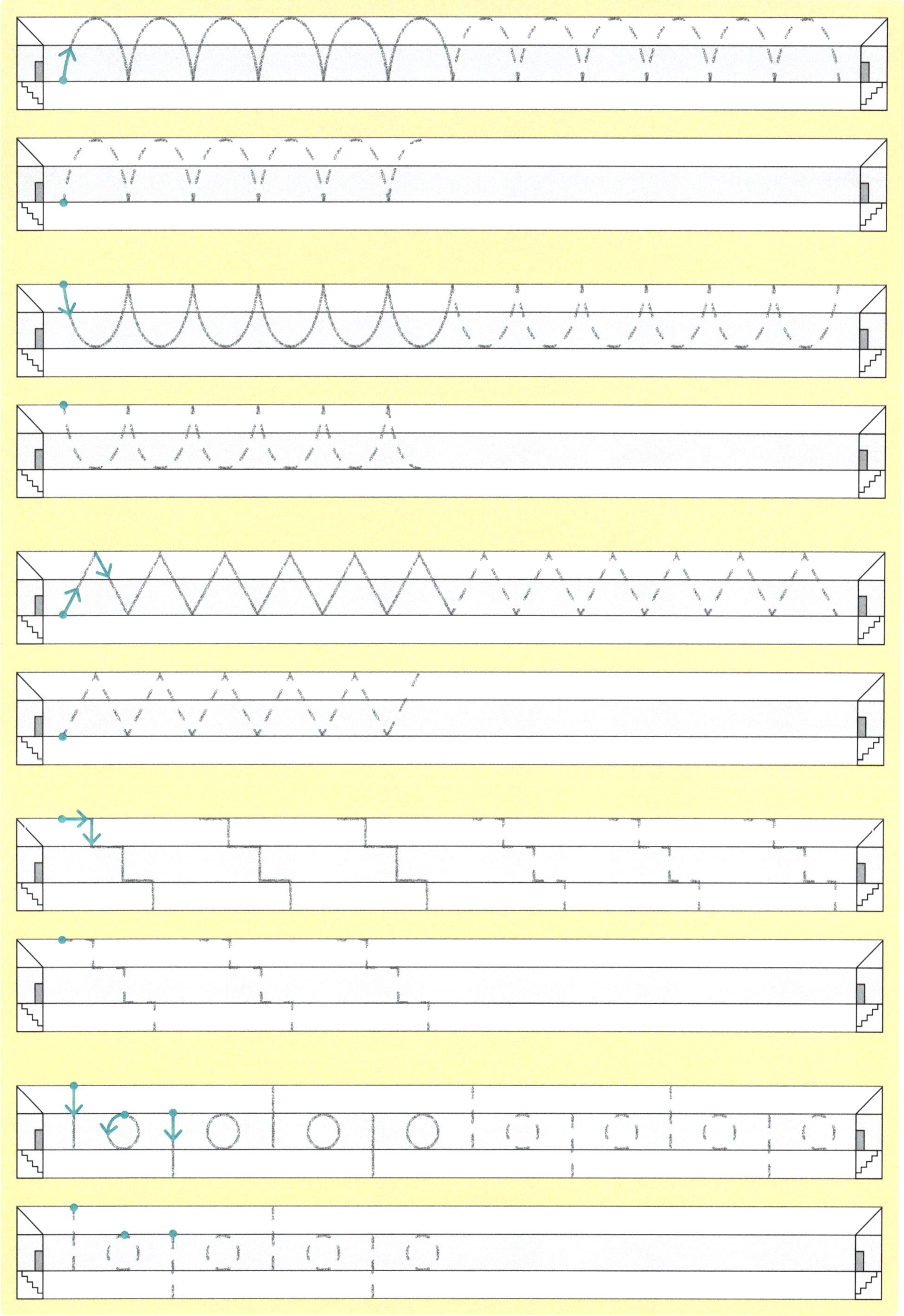

1

2

1

2

1

2

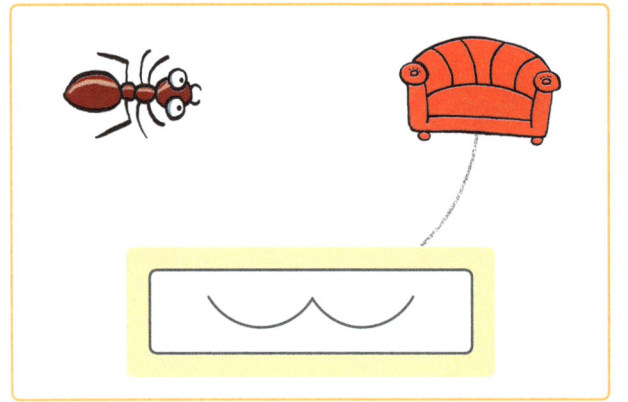

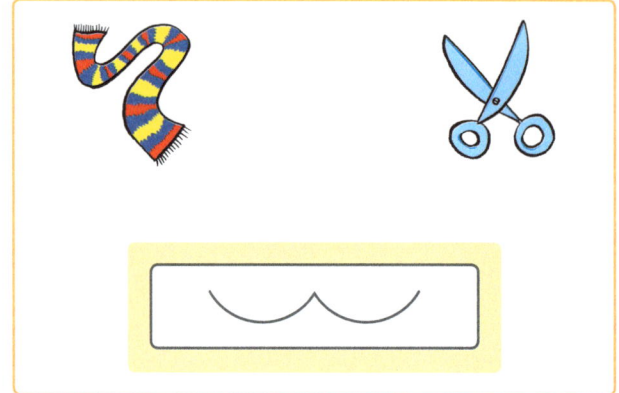

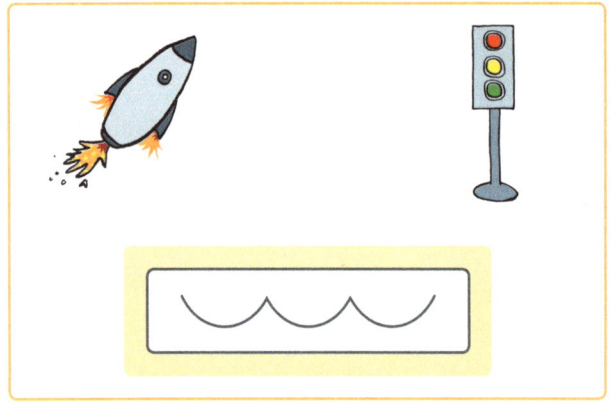

Wörter schwingen, Silbenbögen motorisch erarbeiten
Silbenanzahl zuordnen

1

2

1

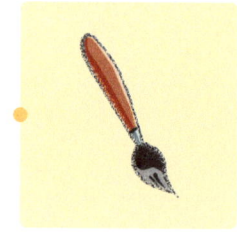

1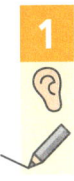

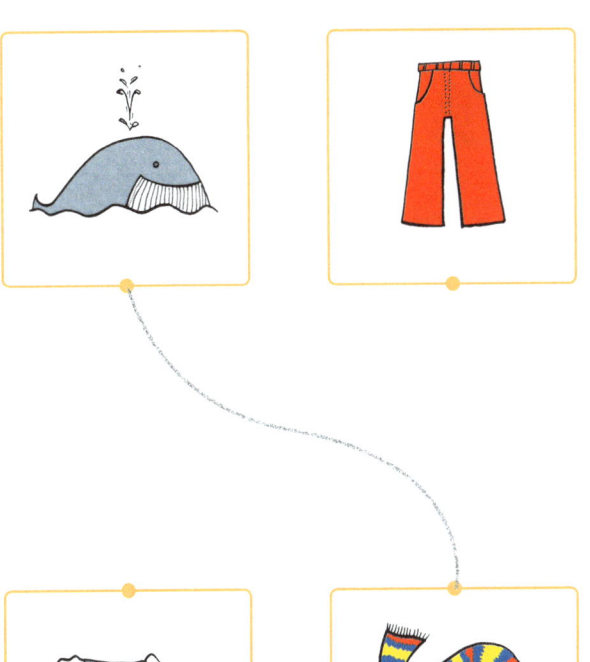  

2

Datum: _____

1 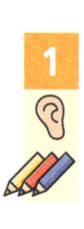 **M**

Anlaut M identifizieren

Fö 12-13

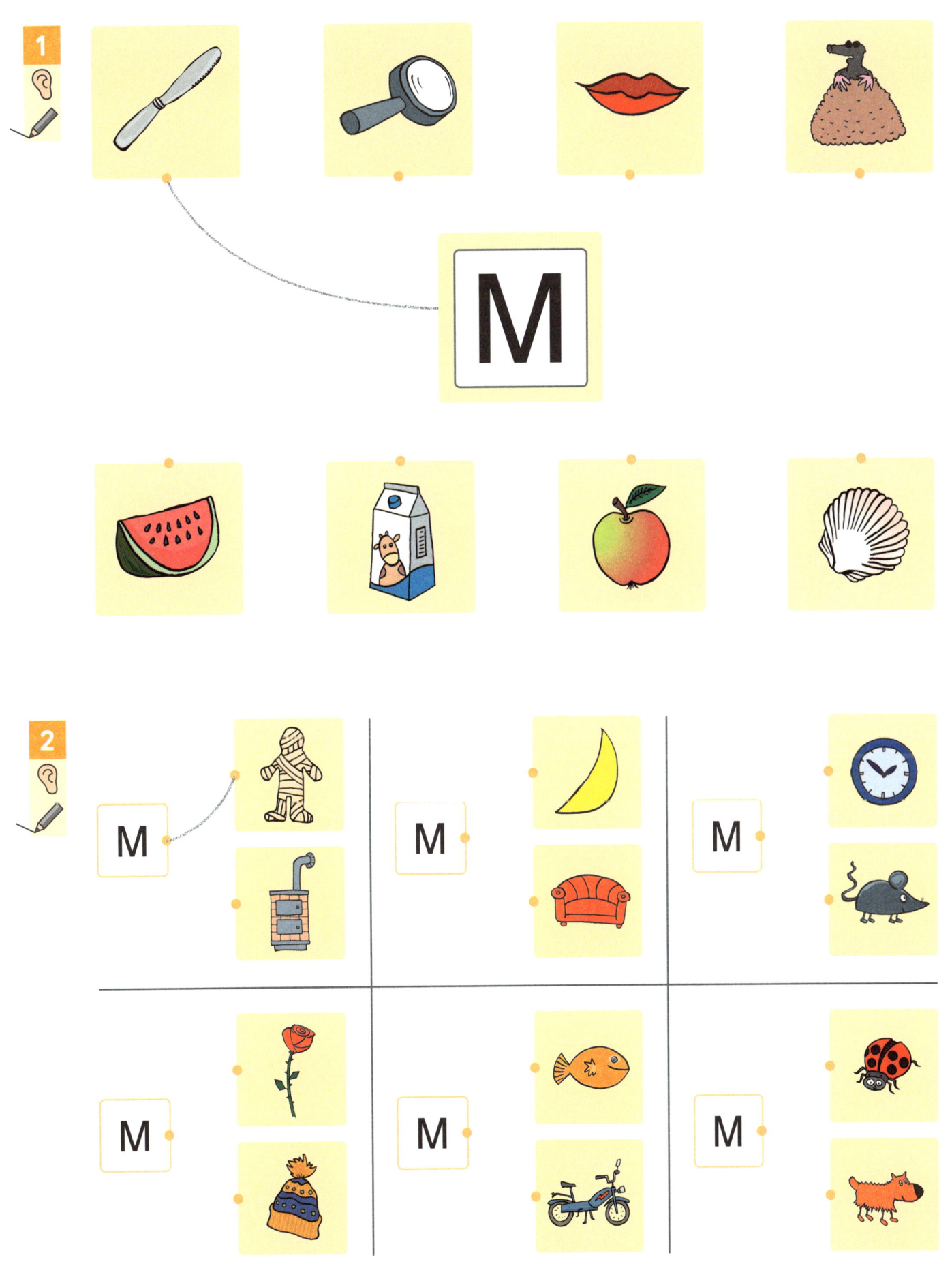

Gut starten – Die Schreibtabelle kennenlernen

Datum: ______________

Flex und Flora

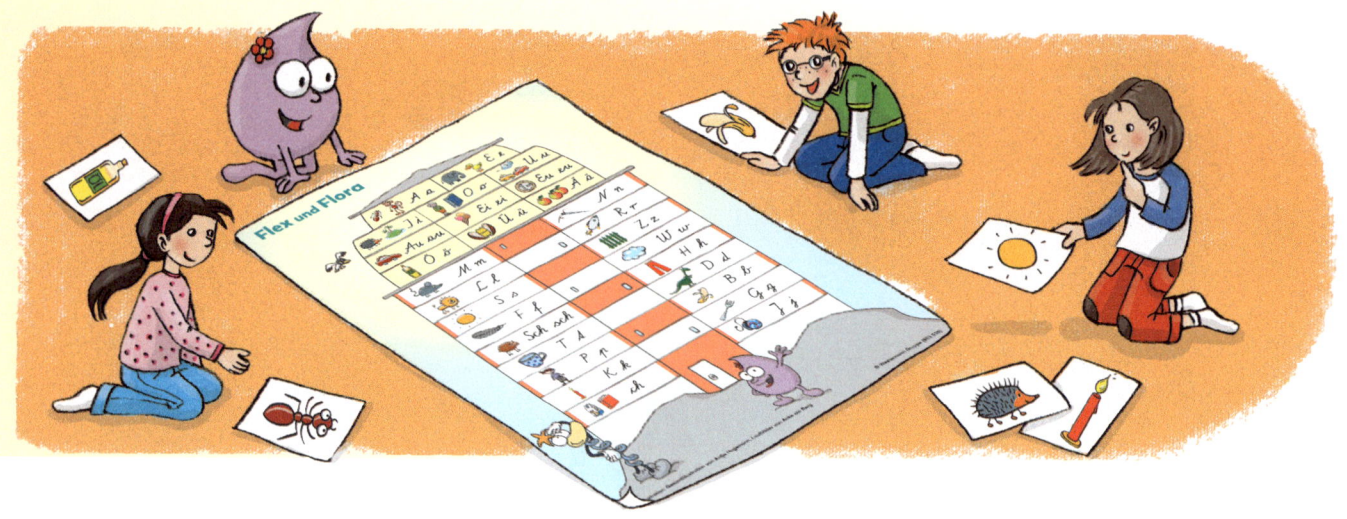

1

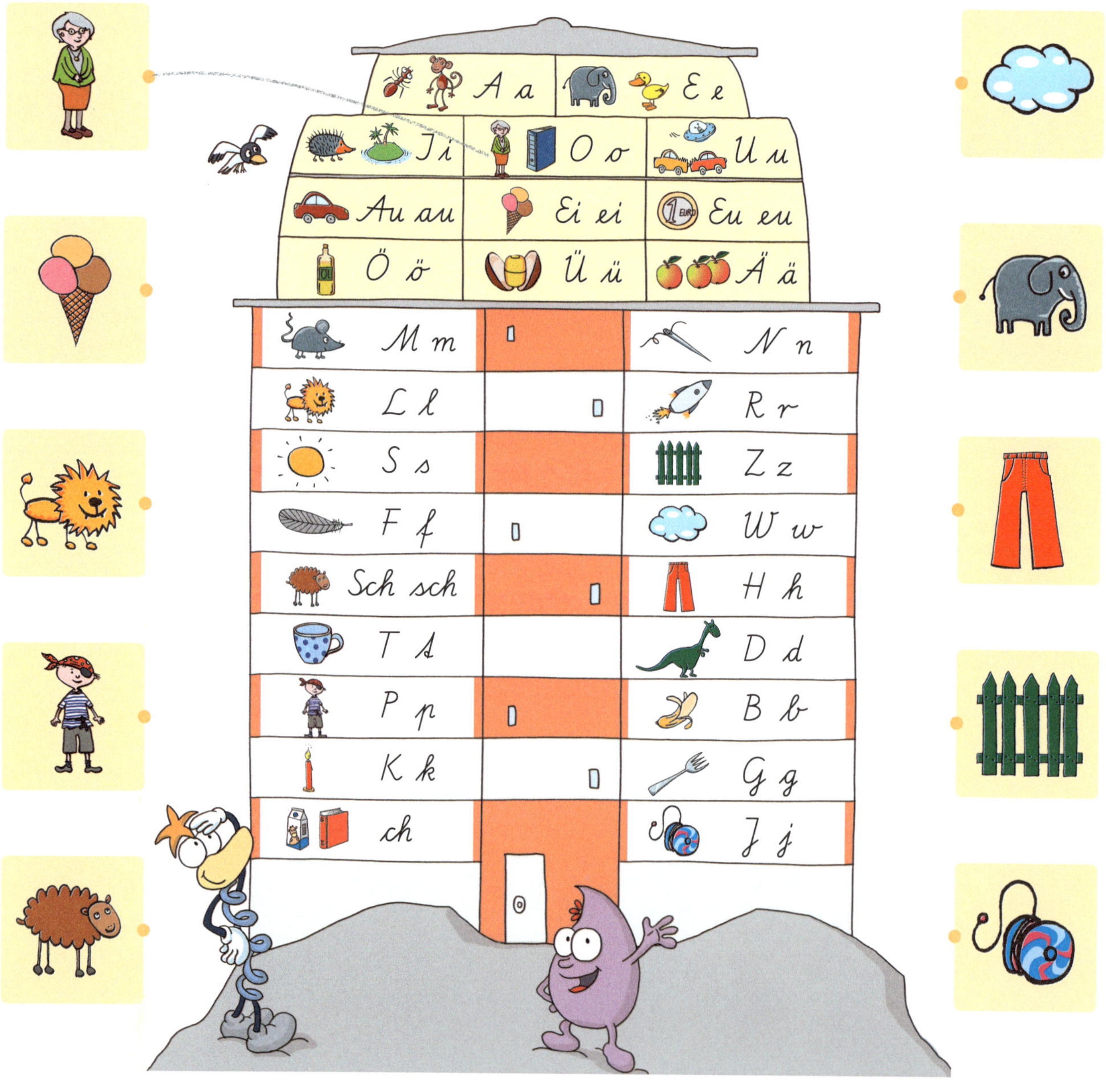
A a
E e
I i
O o
U u
Au au
Ei ei
Eu eu
Ö ö
Ü ü
Ä ä
M m
N n
L l
R r
S s
Z z
F f
W w
Sch sch
H h
T t
D d
P p
B b
K k
G g
ch
J j

Bilder der Schreibtabelle kennenlernen

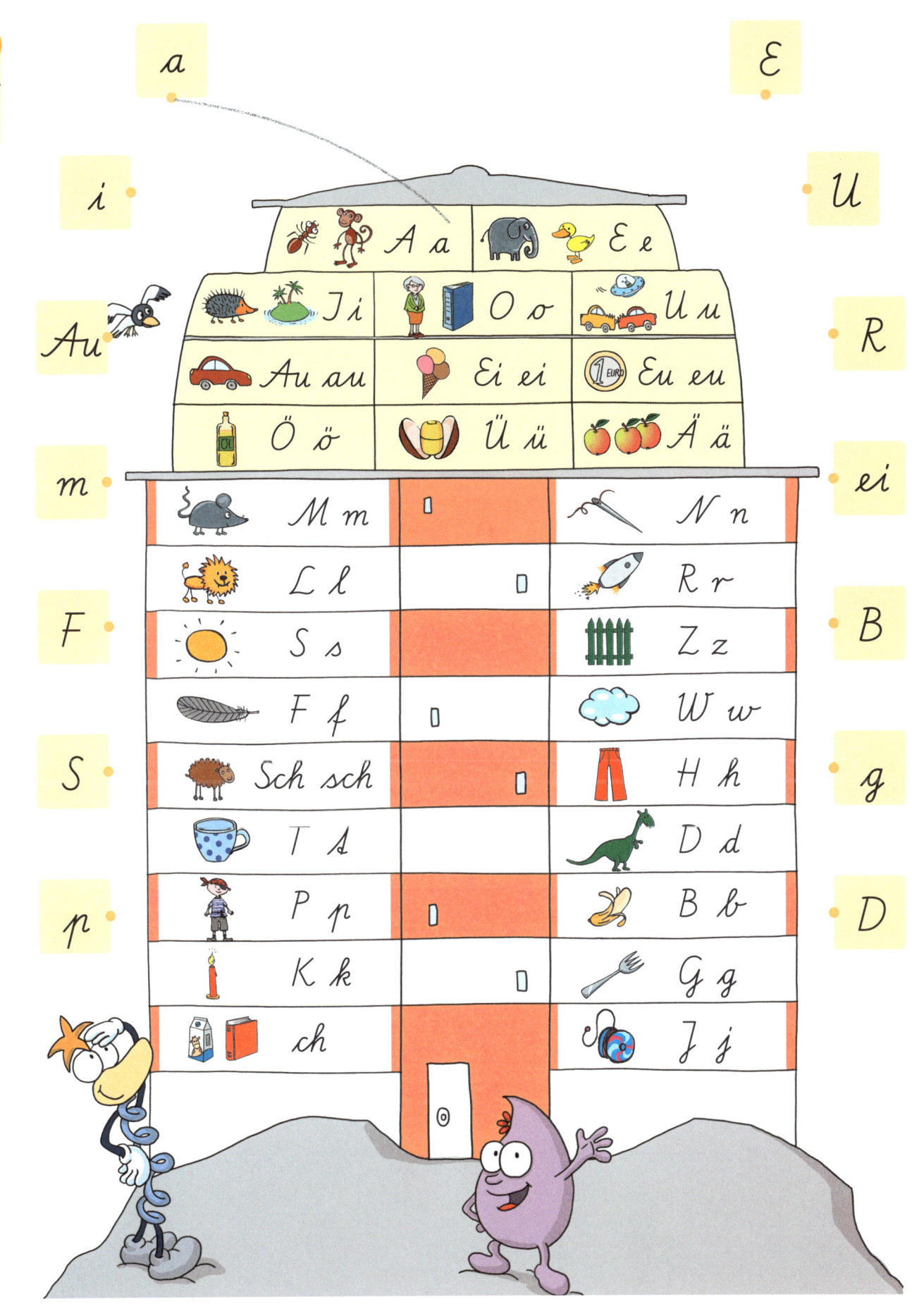

Gut starten – Mit der Schreibtabelle arbeiten

Datum: ____________________

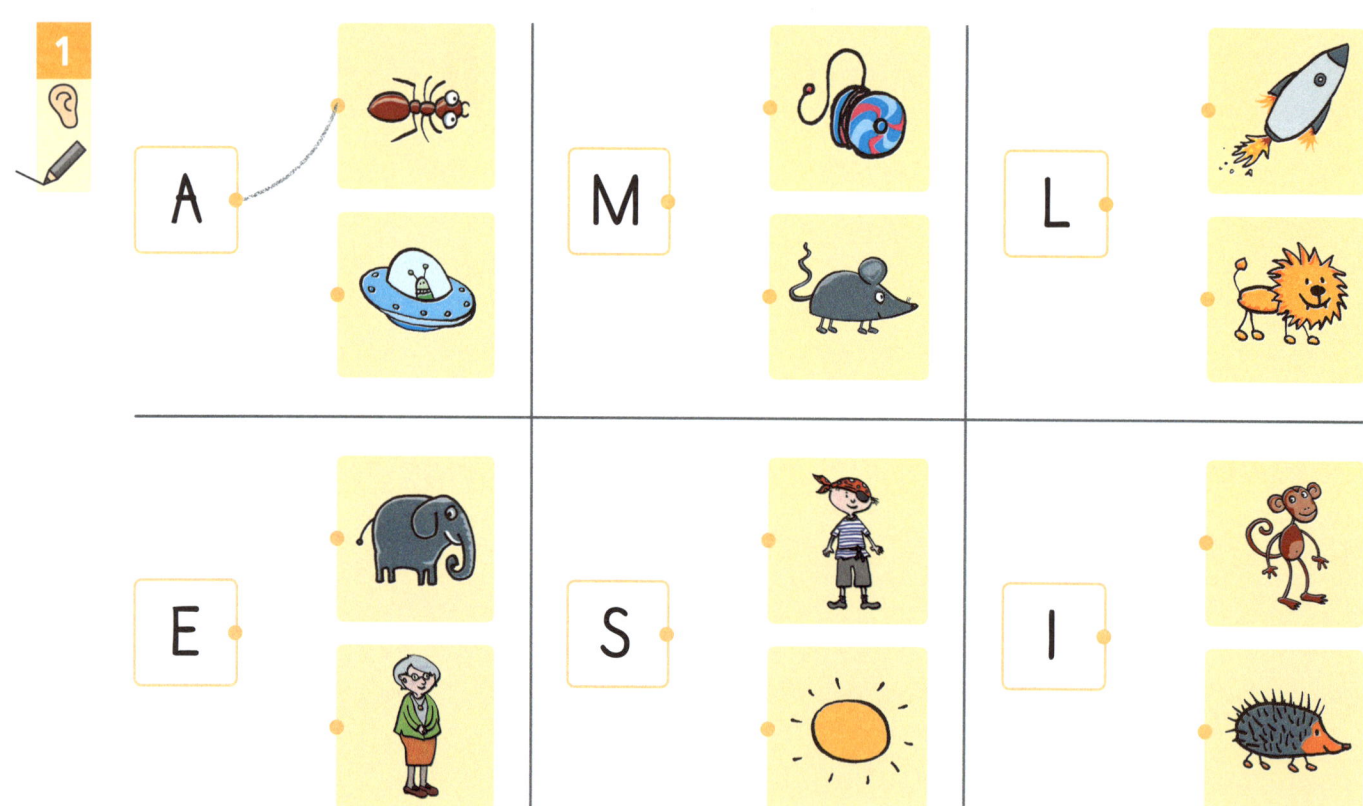

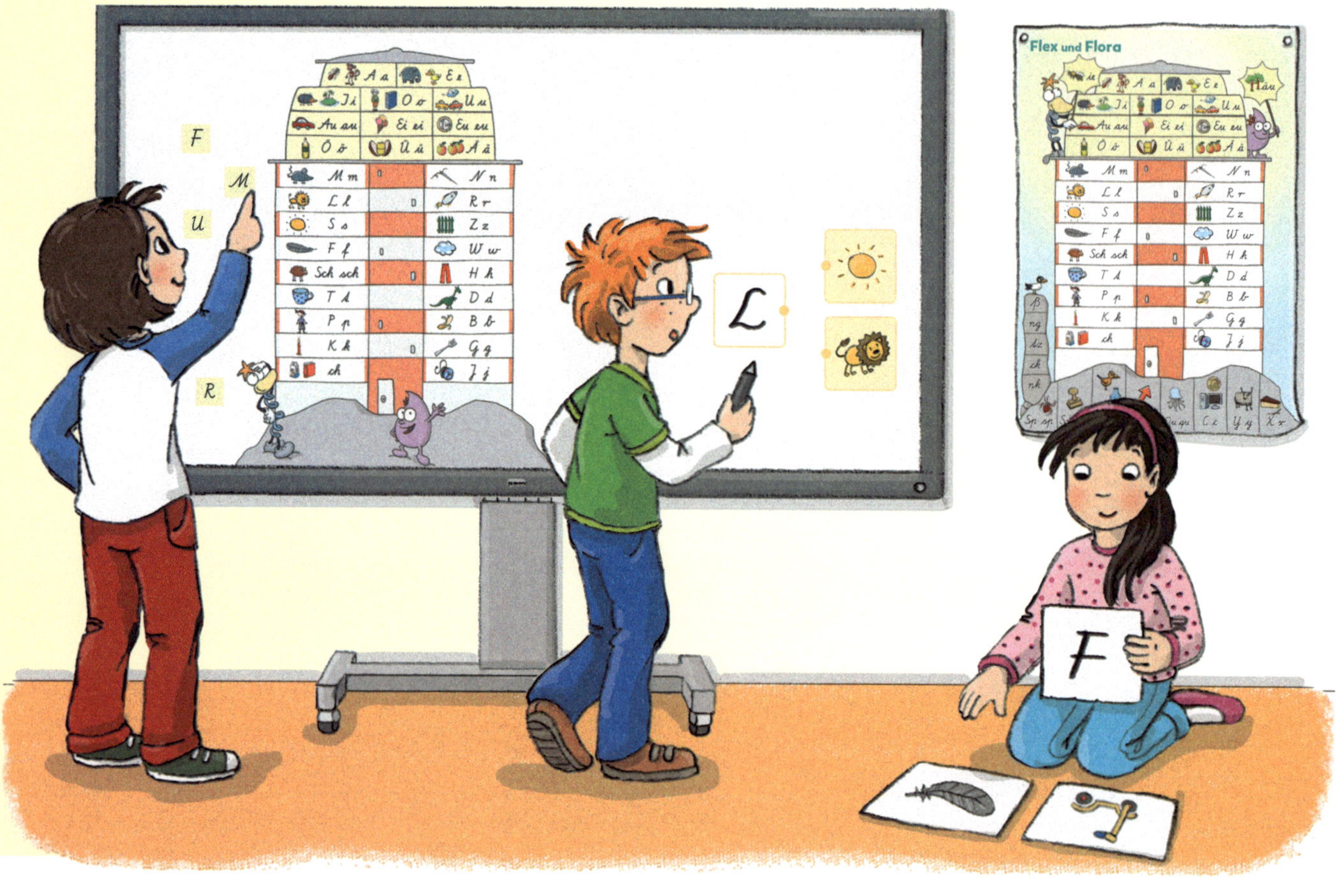

1

A

M

L

E

S

I

Buchstaben und Bilder der Schreibtabelle kennenlernen, Anlaute identifizieren

KV 9-11

Gut starten –
Die Lautposition bestimmen

1

2

L/l im Anlaut und Auslaut identifizieren

1

2

L l

 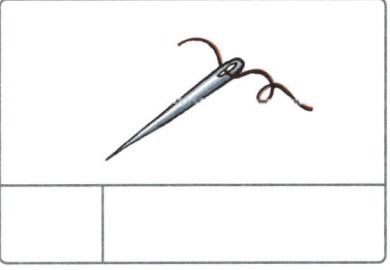 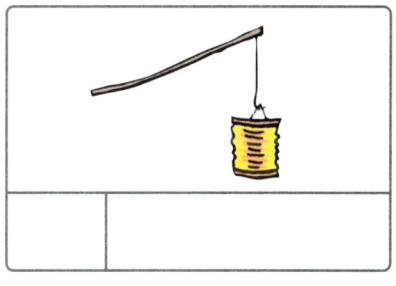

 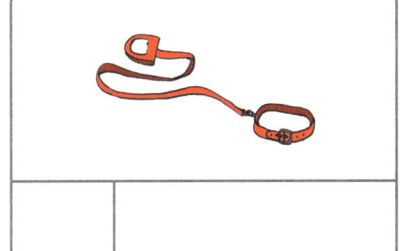 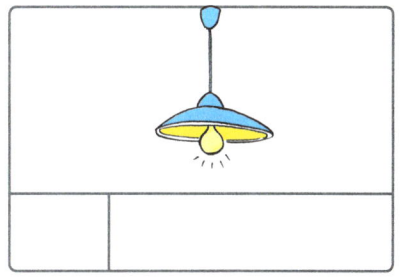

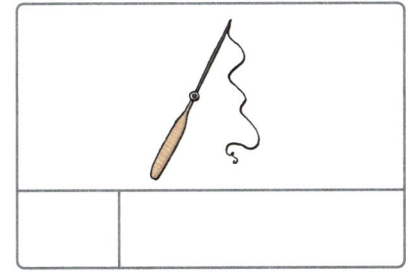  

S	O	F	A

Schreibe hier den ersten
Buchstaben groß.

M	o	f	a

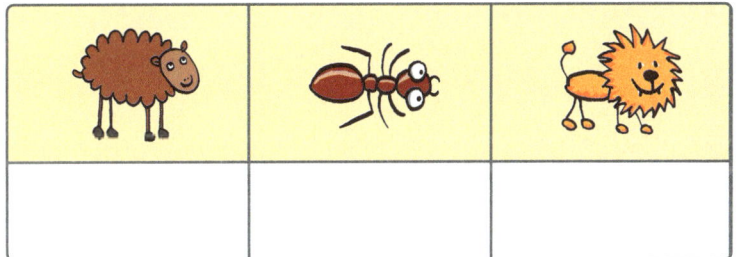

$M\ e\ l\ o\ n\ e$

 _ _ _ _ _ _

 _ _ _ _ _ _

Alle Leuchter sind oben in der Schreibtabelle.

1

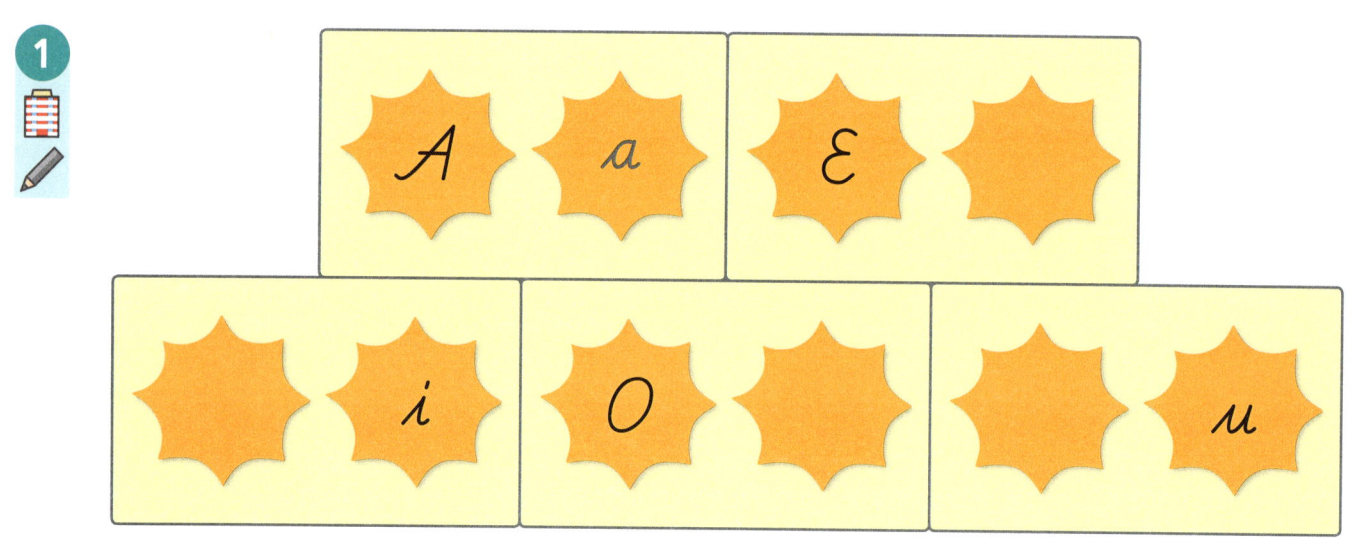

A a ℇ

i O u

2

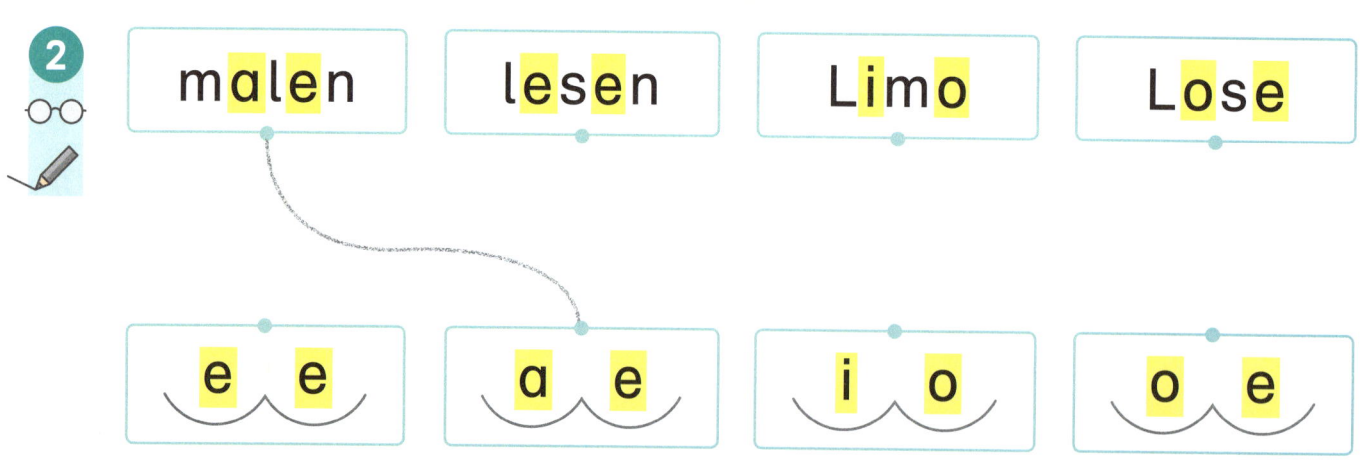

| malen | lesen | Limo | Lose |

| e e | a e | i o | o e |

Zu Buchstabenheft 2: N/n
Groß- und Kleinbuchstaben schreiben (Selbstlaute)
Selbstlaute in Silben identifizieren; Begriff Leuchter kennenlernen

1

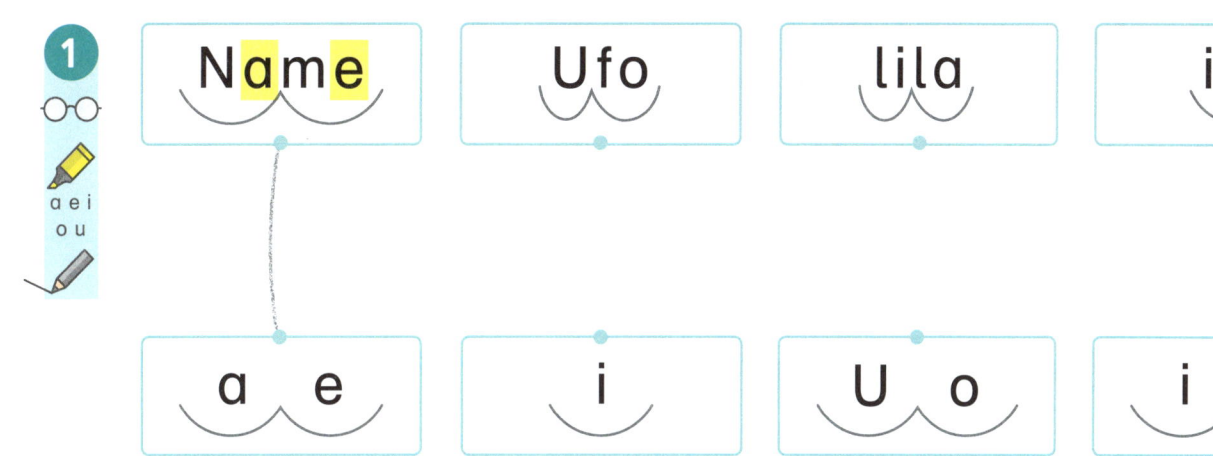

| Name | Ufo | lila | im |

| a e | i | U o | i a |

2

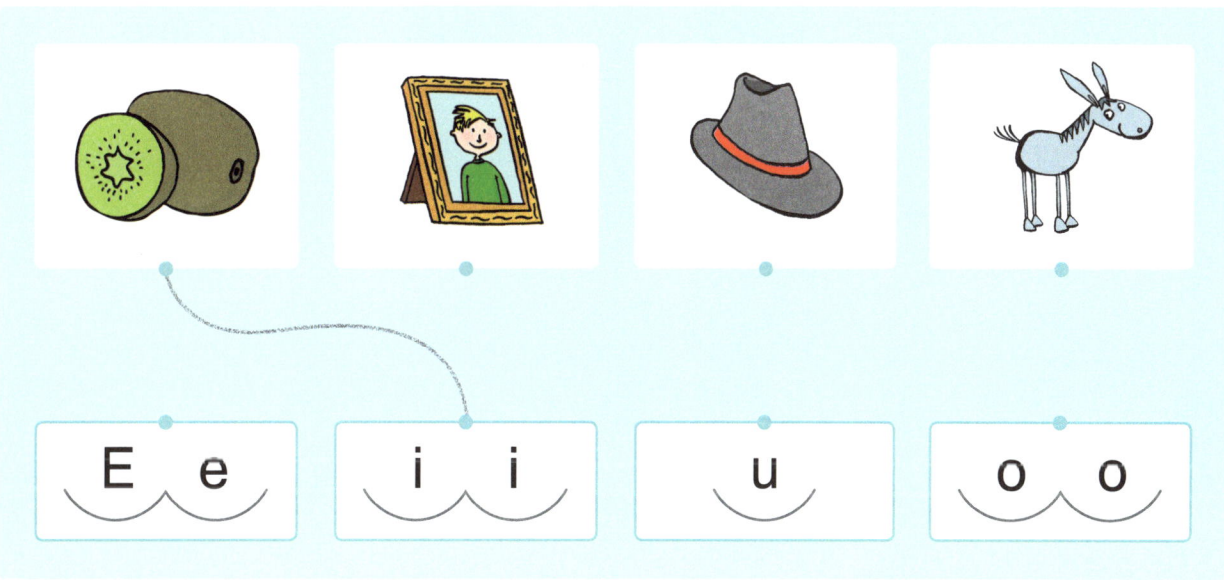

| E e | i i | u | o o |

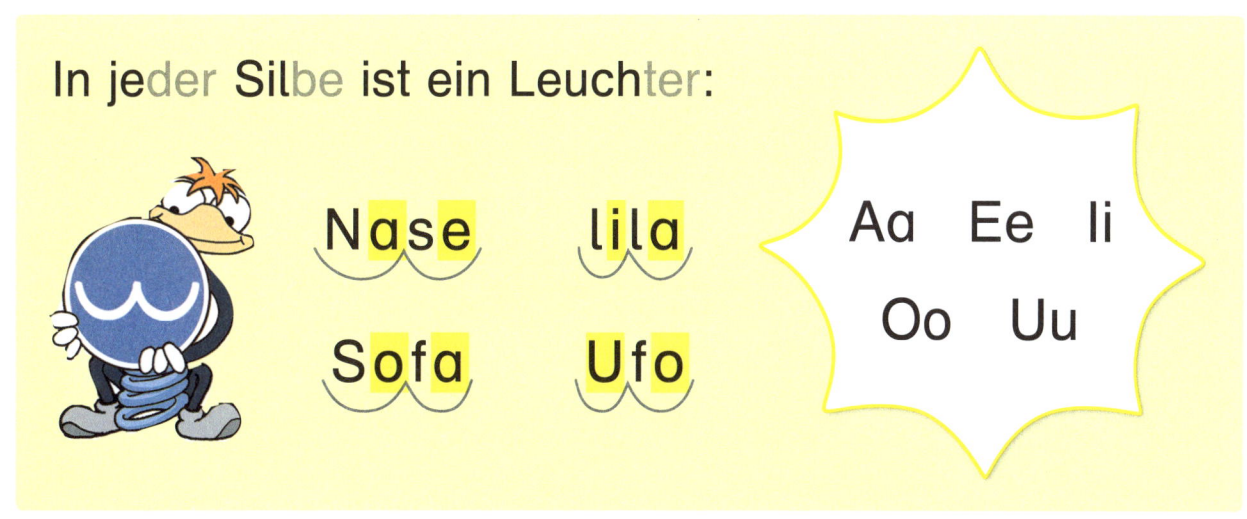

In jeder Silbe ist ein Leuchter:

Nase   lila

Sofa   Ufo

Aa Ee Ii
Oo Uu

Selbstlaute in Silben identifizieren
Regel zu Leuchtern (Selbstlauten) und Strategiesymbol *Mit Silben arbeiten* kennenlernen   KV 121

11   25

1

a e i o u

Melone	*Emu*	*Salami*
e o e		

Amsel	*Elfe*	*Insel*

2

a e i o u

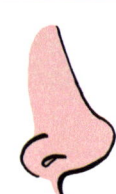

u e

Selbstlaute in Silben identifizieren

1

Lama	Mofa	Felsen
a a		
lesen	also	um

2

o e		

Wörter richtig abschreiben

Datum: ______________

1

Insel

Insel

Nase

Sesam

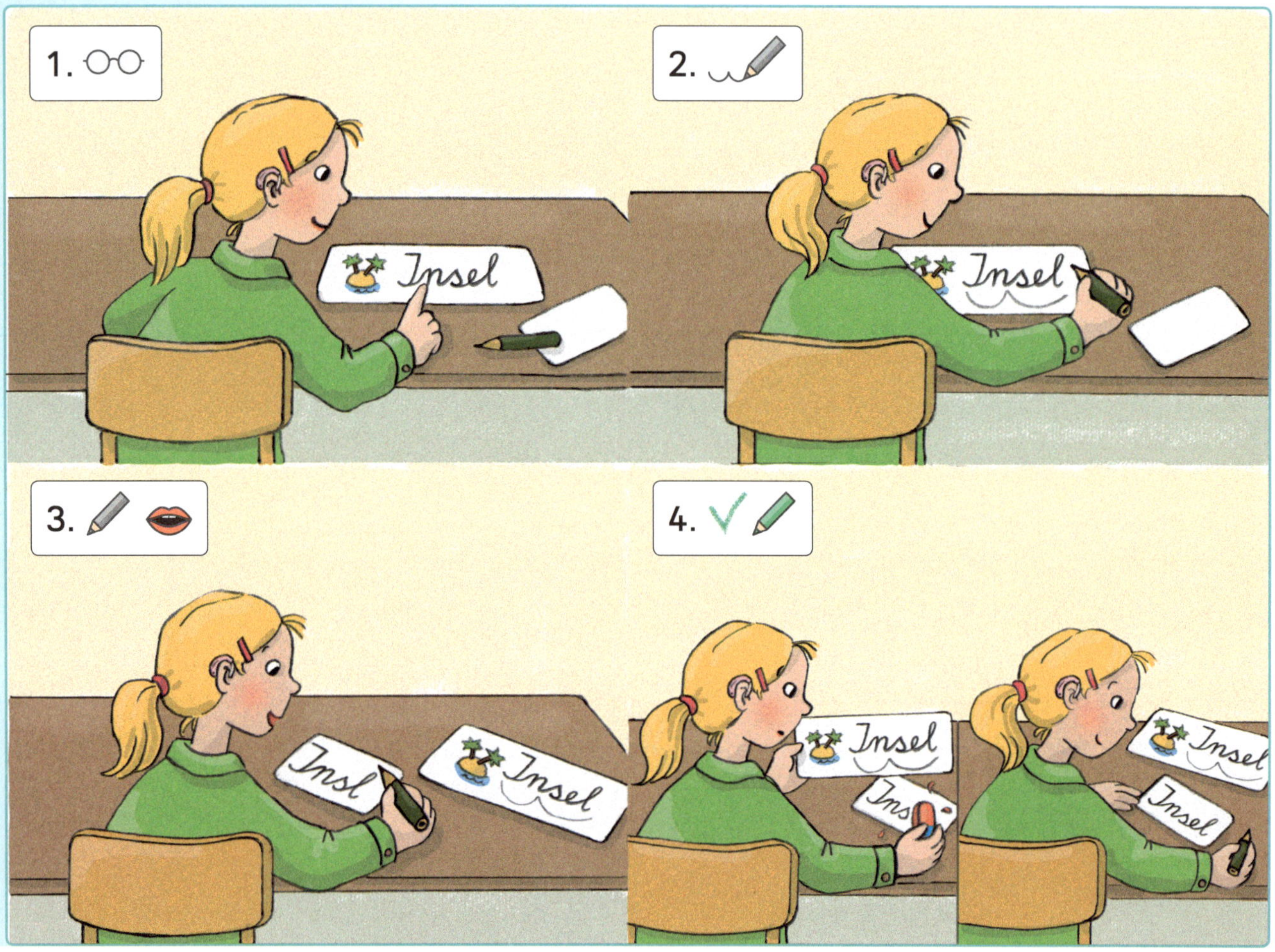

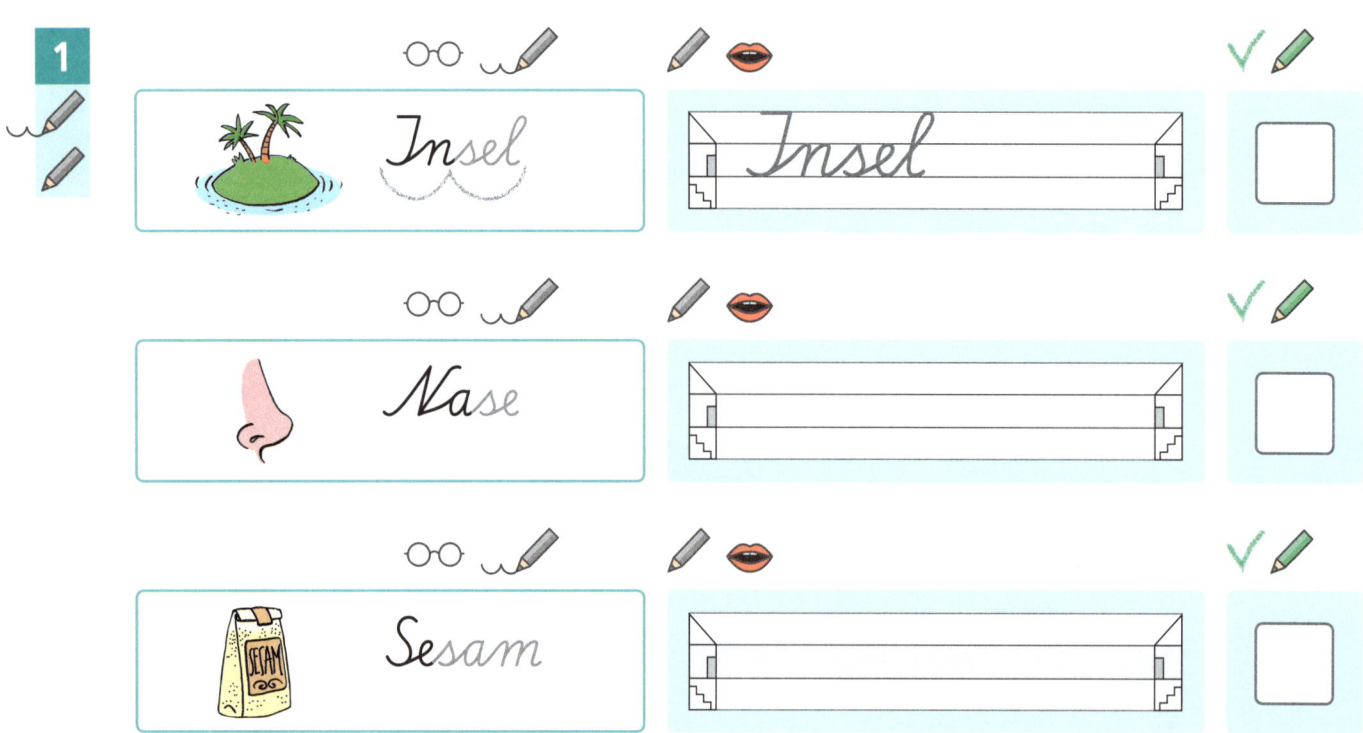

Zu Buchstabenheft 2: N/n
Abschreibtechnik kennenlernen

1

👓 ✏️   ✏️ 👄   ✓ ✏️

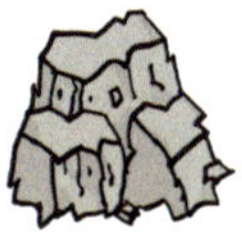

Felsen   *Felsen*   ☐

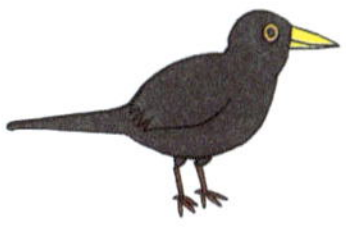

Amsel

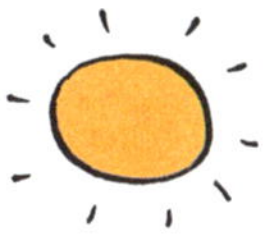

Sonne

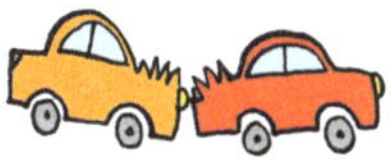

Unfall

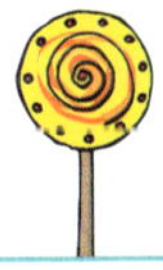

Lolli

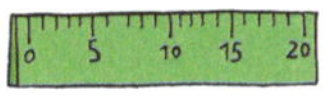

Lineal

Diese Schritte helfen dir beim Abschreiben:

1. 👓   2. ✏️   3. ✏️👄   4. ✓✏️

Wörter schreiben

Datum: ____________

1

a e i
o u

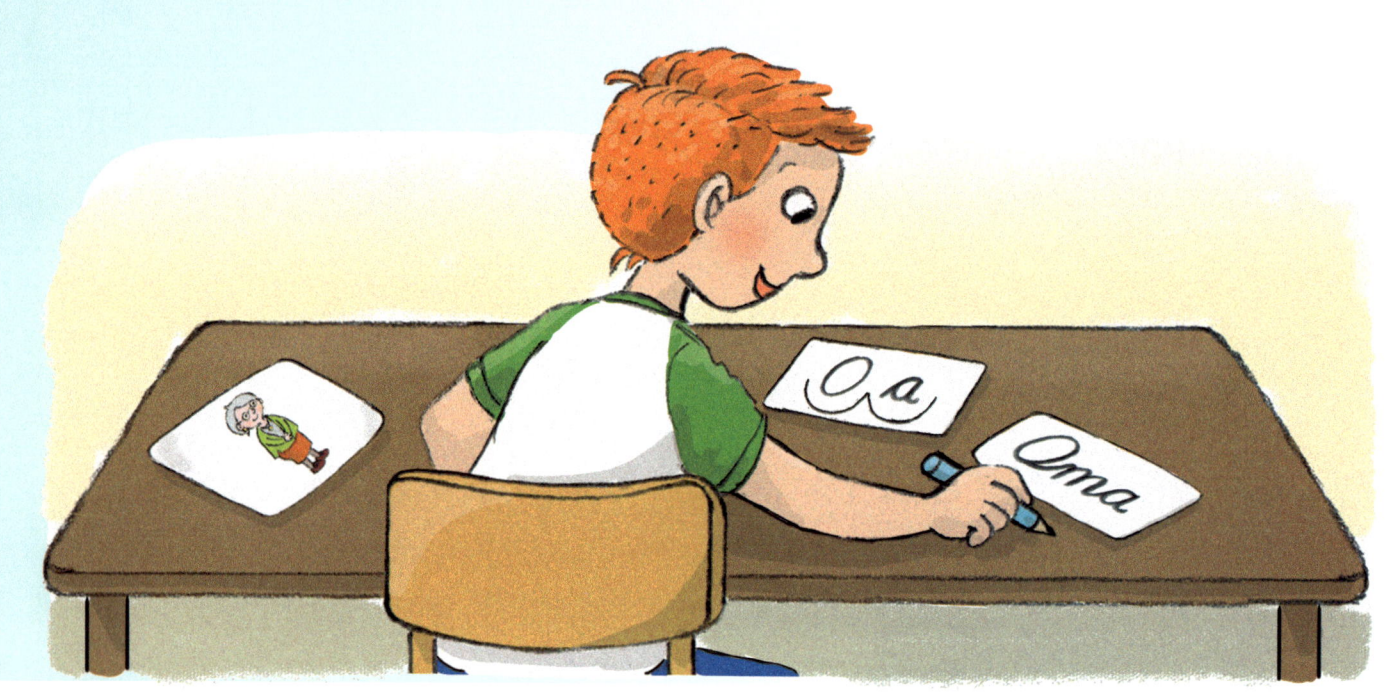

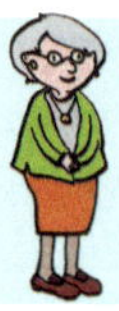

O a

Oma

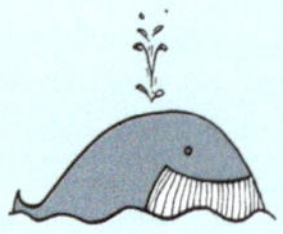

a e i
o u

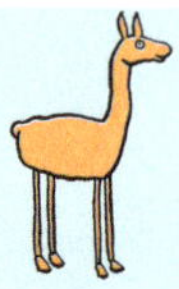

a e i
o u

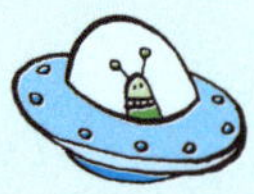

a e i
o u

Zu Buchstabenheft 2: R/r
Silben und Selbstlaute als Rechtschreibhilfe kennenlernen

1

a e i
o u

🦻	✏️ a e i o u	✏️ 👄
🔮	u e	*Murmel*
🌹		
🍉		
🏝️		
🧚🧚		

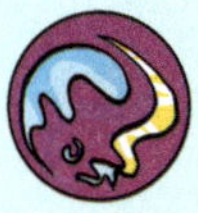

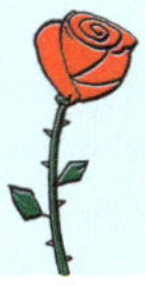

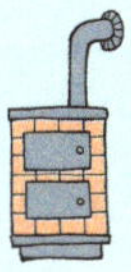

Diese Schritte helfen dir beim Schreiben:

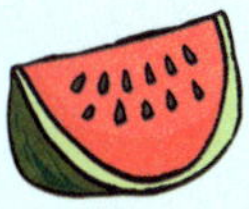

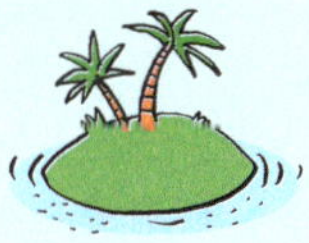

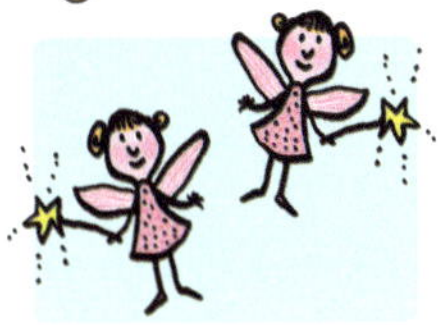

1. 🦻 2. ✏️  3.

1 Lies und male die Wörter an:
Menschen rot, Pflanzen grün, Tiere braun, Dinge blau.

Maus		**Frau**
Oma	**Trommel**	
Amsel		**Lilie**
Tomate	**Sessel**	
Ole		**Tasse**
Tanne	**Esel**	

Namen für Menschen, Pflanzen, Tiere
und Dinge nennt man Nomen.
Nomen schreibst du groß.

Zu Buchstabenheft 2: Au/au
Nomen nach semantischen Kriterien ordnen
Fachbegriff Nomen und Strategie *Auf Großschreibung achten* kennenlernen   HR

1   Lies und markiere die Großbuchstaben am Anfang der Nomen.

Mann   Auto   Ente   Tante
Salat   Rose   Ofen   Affe

2  Schreibe die Nomen von **1** passend auf.

Menschen

Mann

Pflanzen

Tiere

Dinge

3   Lies die Wörter und kreise die Nomen ein.

Telefon   malen   Ritter   laut

lernen   Maulwurf   Nuss   rosa

1 Lies und verbinde.

 Der Pirat ist	im Wasser.
 Das Schwein ist	in der Schule.
 Natascha ist	auf dem Schiff.
 Der Fisch ist	im Schlamm.

1 Lies. Markiere den Großbuchstaben am Satzanfang.

Wir lernen in der Schule.

Ella darf forschen.

Ali will laut lesen.

2 Lies. Markiere die Punkte am Satzende.

Es ist Pause**.**

Onno schaut auf Lia.

Er will mit Lia wippen.

3 Lies. Setze die Punkte am Satzende.

Pauls Tante ist Pilotin

Einmal durfte Paul schon mit

Nun will Paul Pilot werden

Das erste Wort in einem Satz schreibst du groß.
Am Ende des Satzes setzt du einen Punkt.
So kannst du Texte leichter lesen.
Wir schwimmen im See**.**

1

Lies. Bilde einen Satz. Verbinde und schreibe.

Ole will

schlafen.

schwimmen.

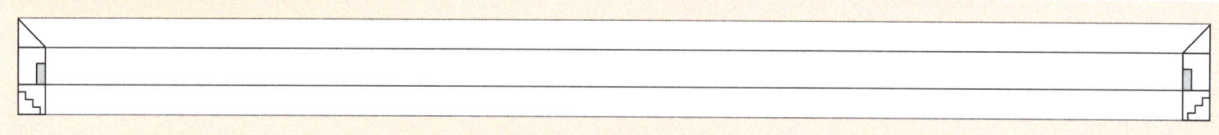

2

Lies den Text.
Setze die Punkte am Satzende.
Markiere die Satzanfänge.

Es sind 4 Sätze.

Im Sommer

Es ist warm
Laura will ein Eis essen
Roman schwimmt im See
Schari will mit Oma
eine Melone essen

3

Was passiert noch im Freibad? Schreibe einen eigenen Satz.

Sätze bilden, Satzzeichen (Punkt) und Großschreibung am Satzanfang anwenden

1 Lies. Bilde Sätze, verbinde und schreibe.

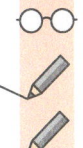

Emma	reist	im Dorf
Frau Rat	redet	am See
Opa	wandert	im Schlaf
Sascha	turnt	am Turm

.

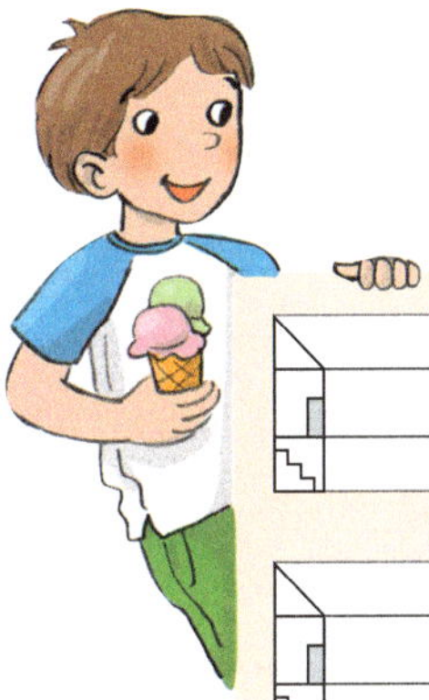

2 Markiere in jedem Satz in **1** den Satzanfang und den Punkt.

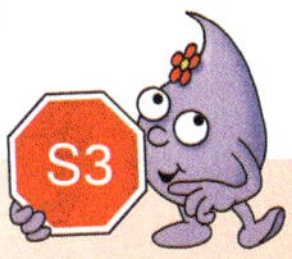

Besondere Endungen kennenlernen

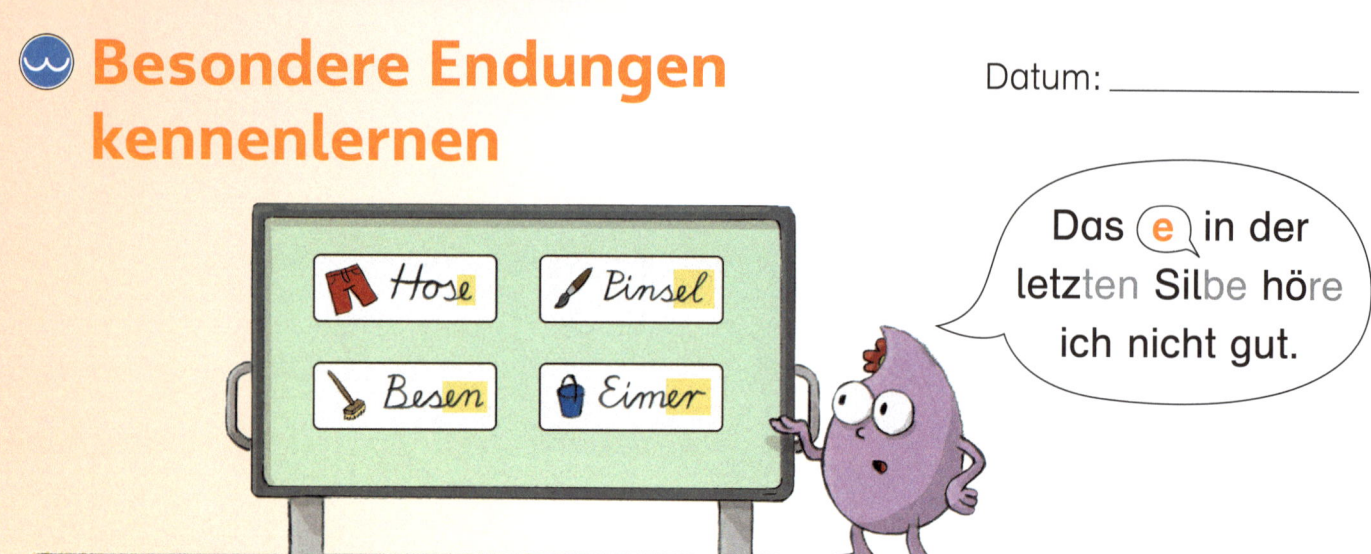

> Das **e** in der letzten Silbe höre ich nicht gut.

1 Lies die Wörter. Markiere -e, -en, -el, -er am Ende.

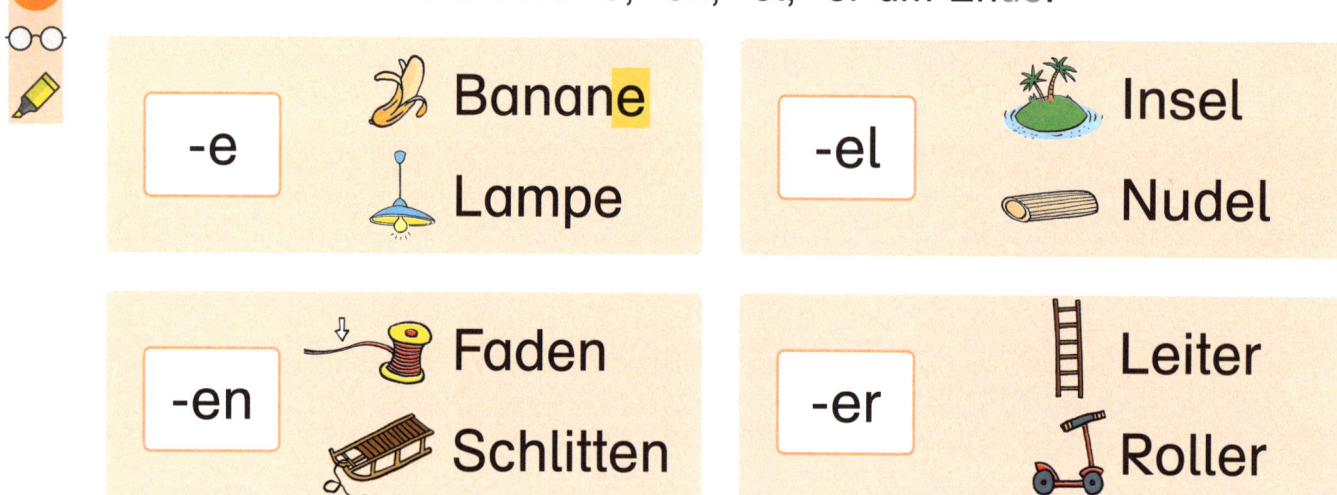

-e	Banane, Lampe
-el	Insel, Nudel
-en	Faden, Schlitten
-er	Leiter, Roller

2 Höre genau und verbinde passend.

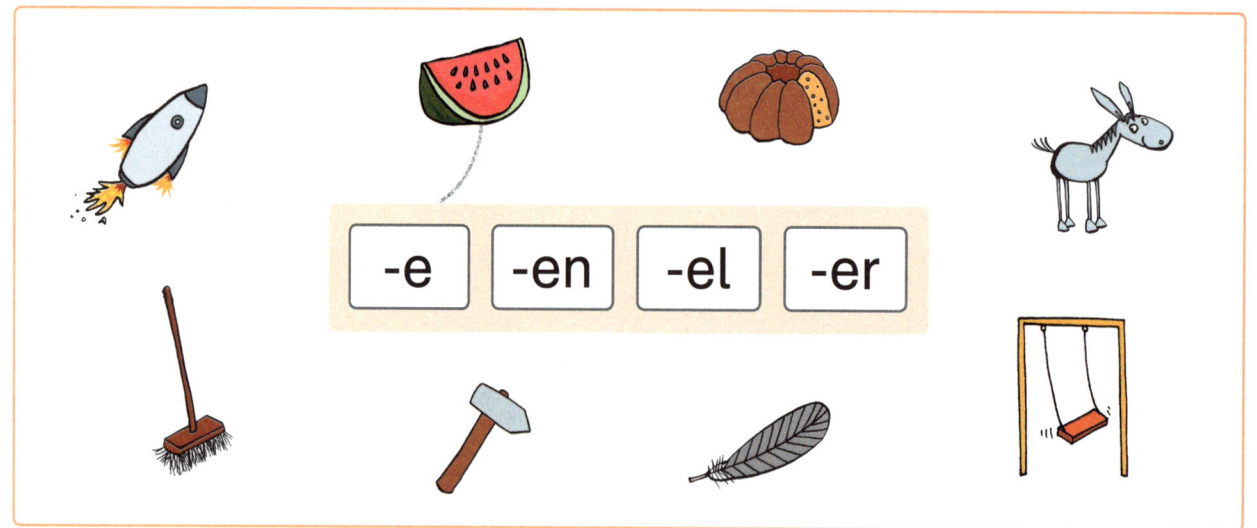

-e   -en   -el   -er

1 Schreibe -e am Ende. Markiere.

 Lu p e

 Wol k__

 Lo s__

 Bir n__

 To ma t__

 Rut sch__

 Na s__

 Fla sch__

 Li bel l__

 Ho s__

2 Zeichne Silbenbögen und schreibe die Leuchter.
Schreibe das Wort. Markiere die Leuchter.

  u e 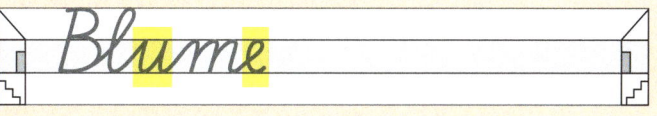 Blume

  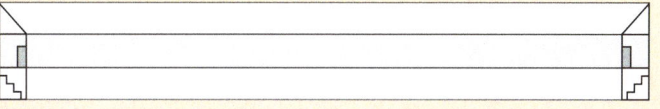

1 Schreibe -en und markiere. Schreibe das Wort.

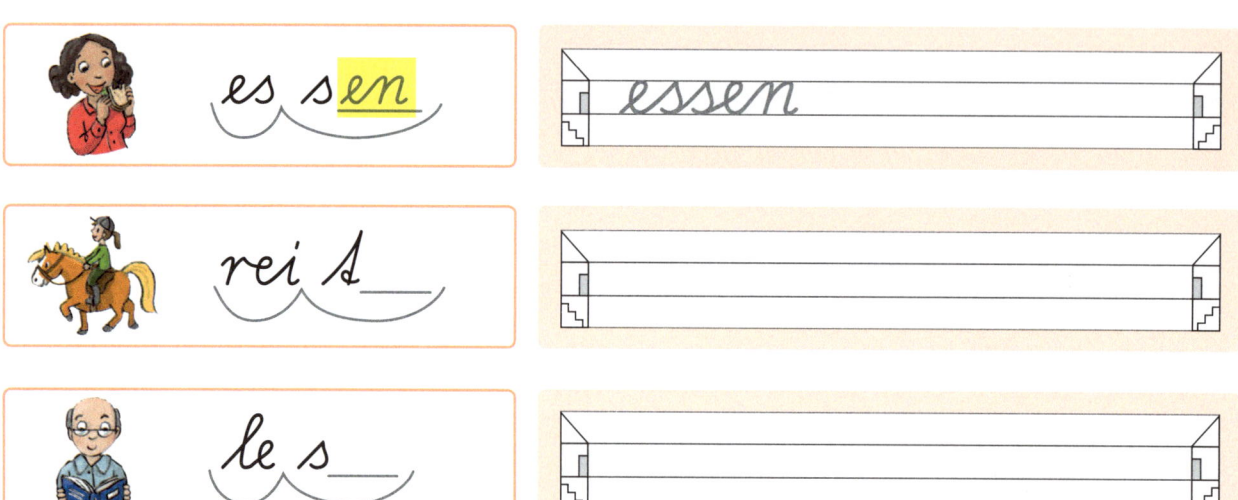

es s**en**	*essen*
rei s___	
le s___	

2 Schreibe -el und markiere. Schreibe das Wort.

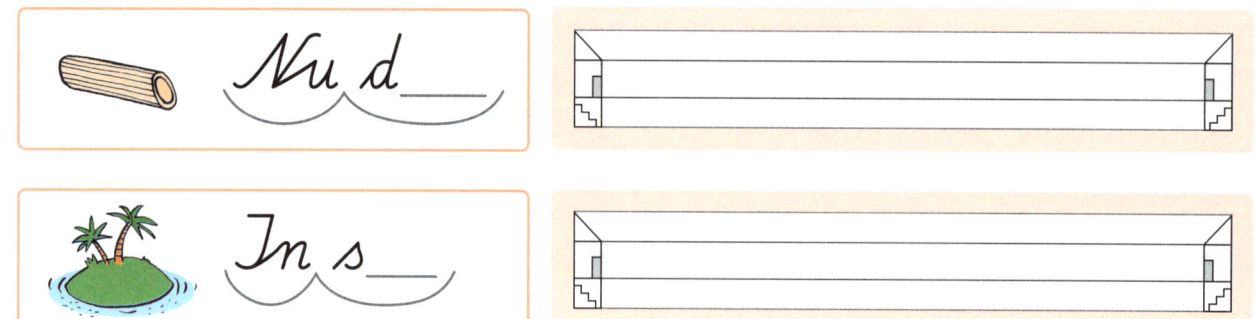

Nu d___	
In s___	

3 Zeichne Silbenbögen und schreibe die Leuchter.
Schreibe das Wort. Markiere die Leuchter.

  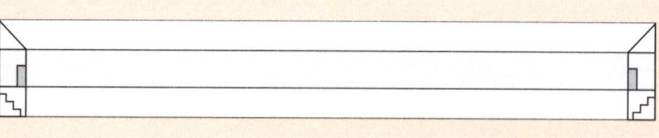

  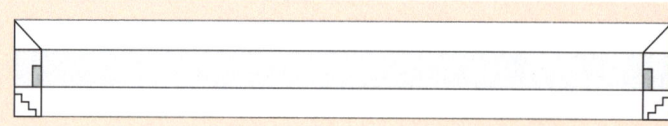

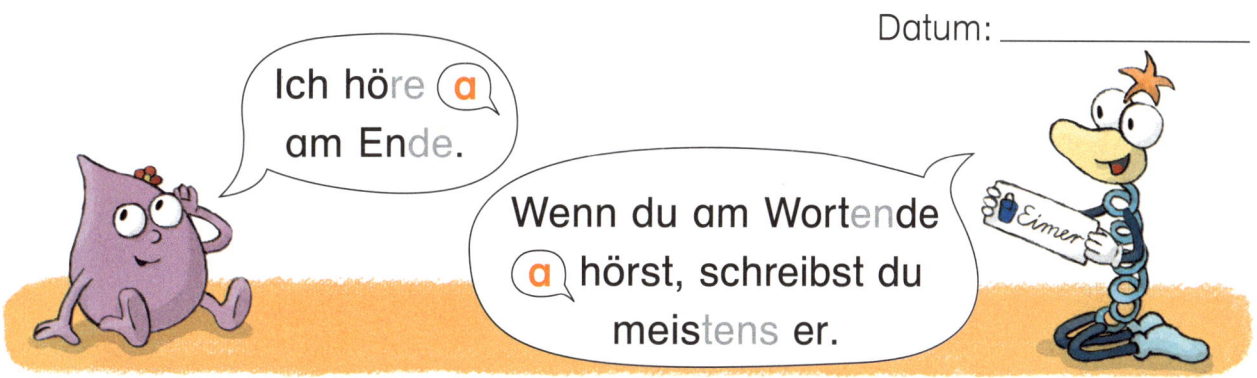

1 Kreise Wörter mit -er am Ende ein.

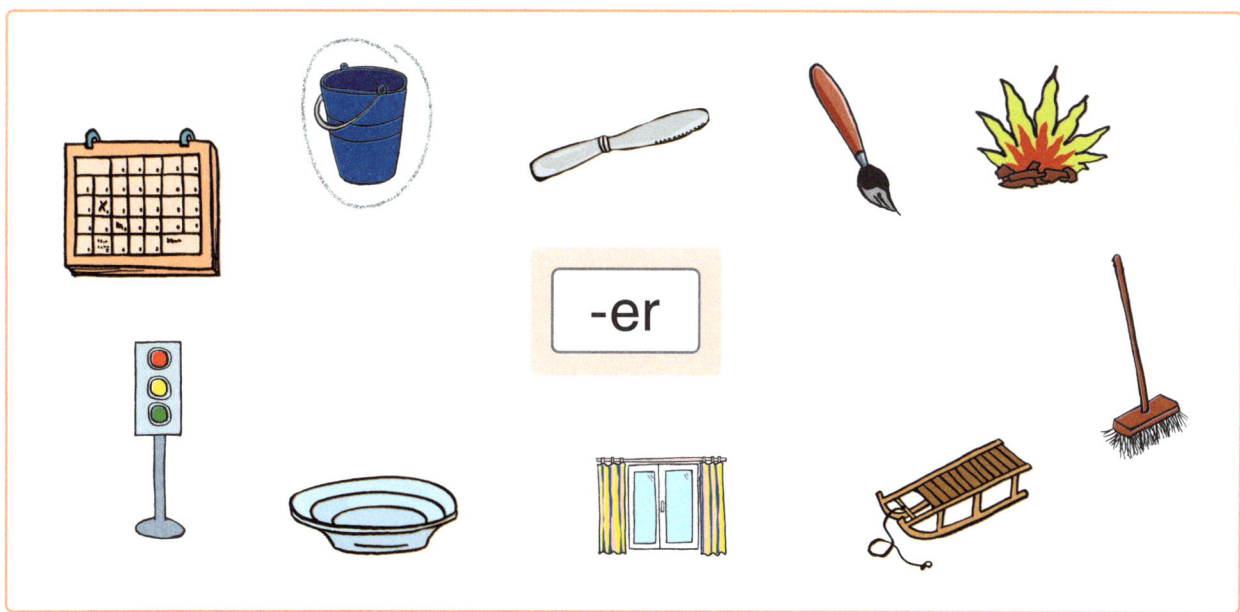

-er

2 Zeichne Silbenbögen und schreibe die Leuchter.
Schreibe das Wort. Markiere die Leuchter.

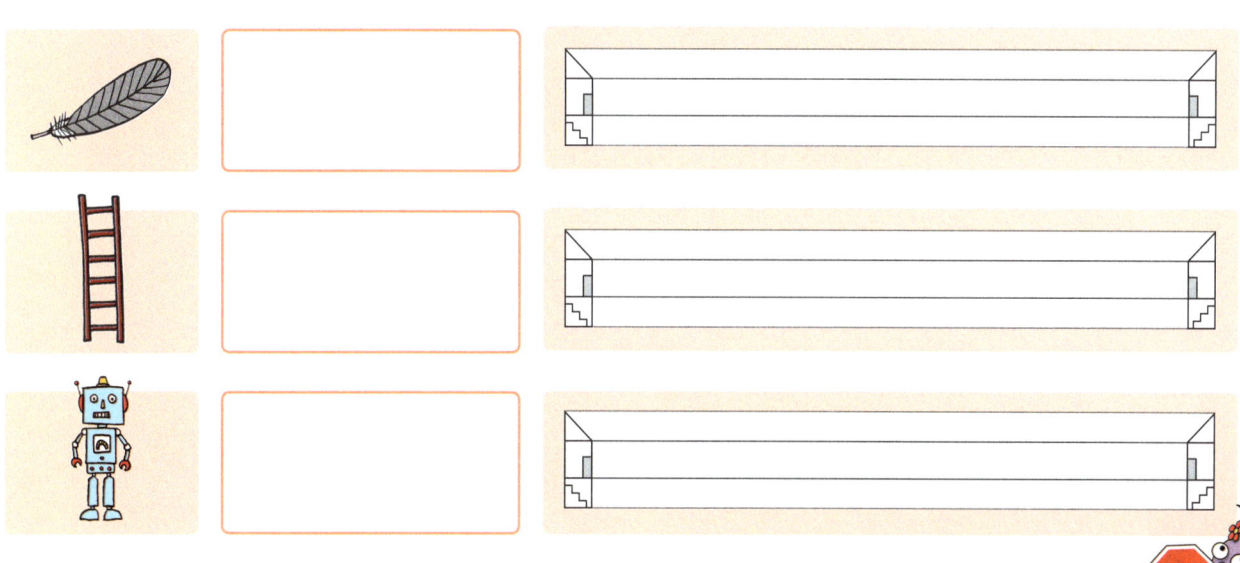

Wörter mit der Endung -er schreiben

KV 131
Fo 62
HR

18

2 73

41

Artikel kennenlernen

1  Verbinde.

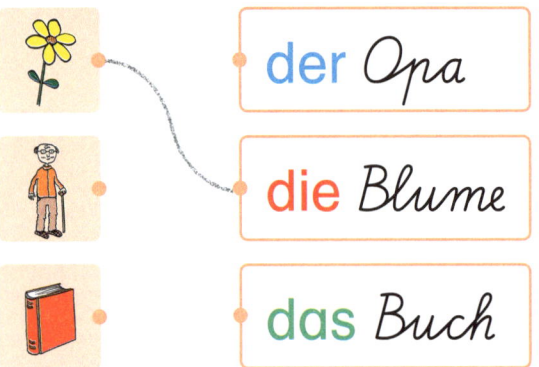

der Opa

die Blume

das Buch

 der Ast

 die Ziege

das Dach

2 Schreibe die Nomen von **1** passend auf.

der	die	das
Opa		

Vor Nomen können Artikel stehen: der die das

Zu Buchstabenheft 3: ie
Artikel zuordnen

HR

1

Lies und kreise die Artikel farbig ein: der, die, das.

der Ast	*das Kamel*
die Frau	*der Bach*
die Eule	*das Zelt*

Denke daran: Vor Nomen können Artikel stehen.

2

der
die
das

Schreibe die Nomen von **1** mit Artikeln auf.

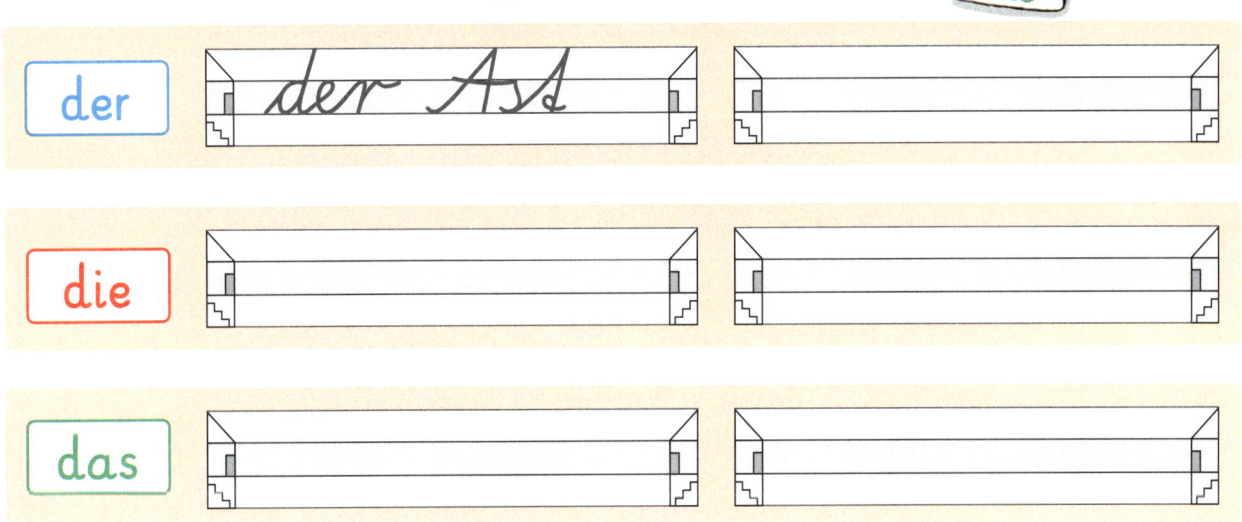

der	*der Ast*	
die		
das		

3

der
die
das

Schreibe die Nomen mit Artikel.

1 Lies und sprich deutlich. Was gehört zusammen? Verbinde.

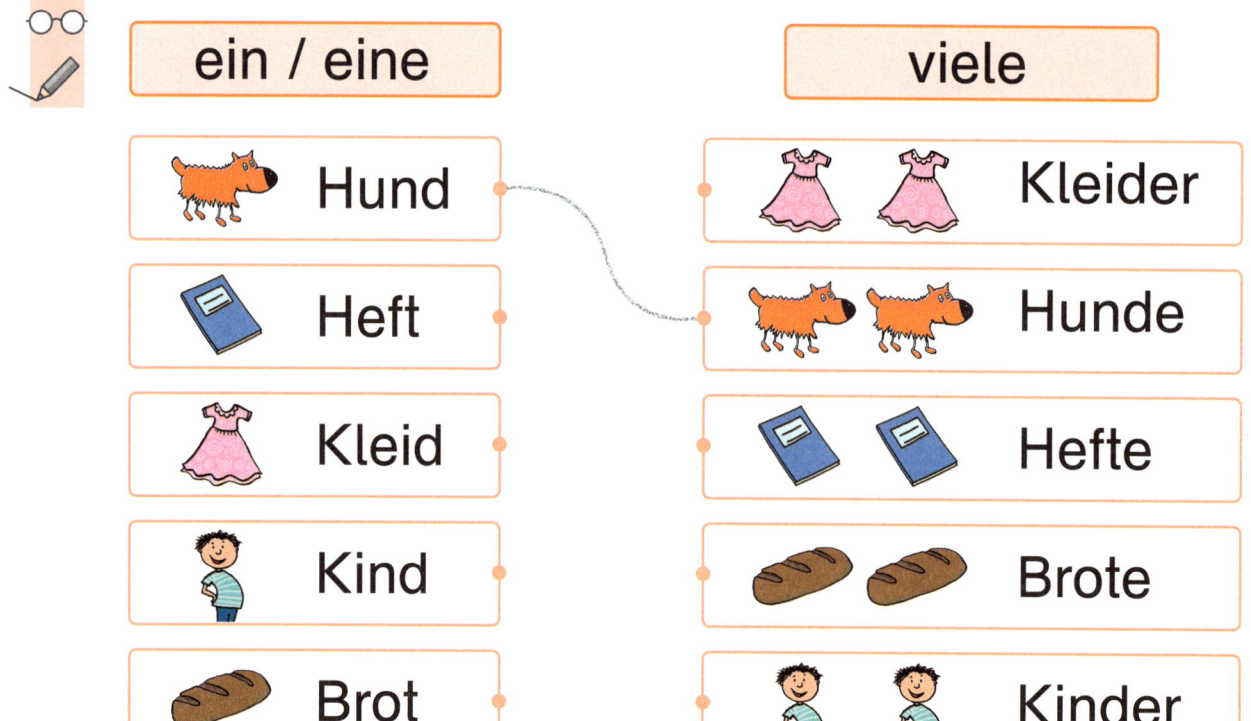

ein / eine	viele
Hund	Kleider
Heft	Hunde
Kleid	Hefte
Kind	Brote
Brot	Kinder

2 Markiere in ① d und t in den Nomen.

1 Lies und schreibe die Nomen in die Tabelle. Markiere **d** oder **t**.

ein Wind ein Hund ein Heft

ein / eine	viele
Wind	→ Winde
	→ Hunde
	→ Hefte

2 Verlängere die Nomen. Schreibe sie mit **d** oder **t**. Markiere.

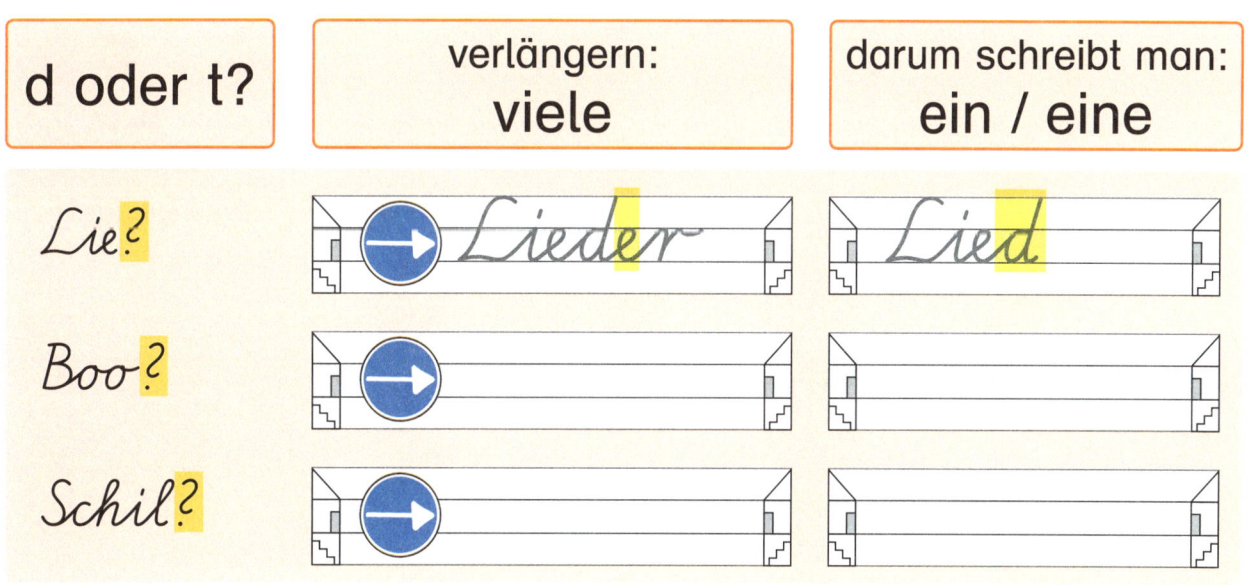

d oder t?	verlängern: viele	darum schreibt man: ein / eine
Lie**?**	→ Lieder	Lied
Boo**?**	→	
Schil**?**	→	

Verlängere ein Nomen. Jetzt hörst du **d** oder **t**.

ein Kind – viele Kinder, ein Brot – viele Brote ...

Das kann ich jetzt

Datum: _____

✎ Ich kenne diese Leuchter:

✎ Meine schönsten Wörter in Silben:

✎ Meine schönsten Nomen:

 **Meine schönsten Sätze:**

 **Diese Bücher habe ich in Klasse 1 gelesen:**

Toll, du hast alles geschafft!

© 2024 Westermann Bildungsmedien Verlag GmbH, Georg-Westermann-Allee 66, 38104 Braunschweig
www.westermann.de

Druck A[1] / Jahr 2024
Alle Drucke der Serie A sind im Unterricht parallel verwendbar.

Redaktion: Cora Lange, Katrin Teschner, Anna-Lena Knobloch
Illustrationen: Anke am Berg, Bernau bei Berlin; Elke Broska, Wiesbaden; Antje Hagemann, Berlin;
Karoline Kehr, Hamburg; Visuelle Lebensfreude, Hannover
Umschlaggestaltung: Jennifer Kirchhof, Braunschweig, unter Verwendung eines Schriftzugs von Gingco,
Braunschweig, und einer Illustration von Karoline Kehr, Hamburg
Layout: Visuelle Lebensfreude, Hannover
Druck und Bindung: Westermann Druck GmbH, Georg-Westermann-Allee 66, 38104 Braunschweig

ISBN 978-3-14-**127122**-5